링컨

링컨

이명랑 글 오승민 그림

비룡소

에이브가 통나무에 올라서서 힘차게 말했어요.

"어느 날 부엌에 초콜릿 과자가 있었어요. 엄마가 잠깐 밖으로 나가신 사이에 갑자기 악마의 속삭임이 들렸지요. '어서 먹어 봐. 아무도 안 보잖아?' 저는 그만 초콜릿 과자를 꿀꺽 먹고 말았어요. 한 개, 두 개, 세 개……. 그때 엄마가 돌아오셨어요. 자, 여러분이라면 어떻게 하시겠어요?"

"엄마가 오기 전에 얼른 도망가야지."
"어차피 혼날 테니 그냥 다 먹어 버릴 거야!"

통나무 앞에 모여 앉은 아이들이 떠들어 댔어요. 잠자코 아이들의 이야기를 듣던 에이브가 말했어요.

"잘못을 숨기면 나중에 더 큰 잘못을 저지르게 돼요. 잘못했을 때는 정직하게 털어놓으세요. 그러면 엄마도 용서해 주실 거예요! 우리 엄마는 제게 과자를 한 개 더 주셨지요."

에이브의 말이 끝나자 여기저기서 박수가 터져 나왔어요. 곁에서 도끼로 통나무를 베던 어른들까지 어느새 에이브가 하는 이야기를 듣기 위해 모였지요.

잘못은 솔직히 털어놓는 게 좋아요.

에이브는 낡은 옷을 걸치고 밑창이 닳은 신발을 신었지만 목소리에는 사람의 마음을 끄는 힘이 있었어요.
아들이 성실한 일꾼이 되기를 바란 에이브의 아버지는 에이브가 사람들 앞에서 얘기하는 것이 못마땅했어요. 하지만 일단 에이브가 말을 시작하면 아버지도 사람들과 함께 에이브의 이야기에 귀를 기울였지요.

에이브는 미국의 제16대 대통령인 에이브러햄 링컨의 어릴 적 이름이에요.

에이브는 1809년 미국 켄터키주의 한 통나무집에서 태어났어요. 에이브의 아버지 토머스 링컨은 가난한 농부였지요.

에이브가 일곱 살 때 에이브네 가족은 좀 더 살기 좋은 곳을 찾아 길을 떠났어요. 추운 겨울, 먼 길을 여행한 끝에 에이브네 가족은 인디애나주에 있는 한 마을에 도착했어요.

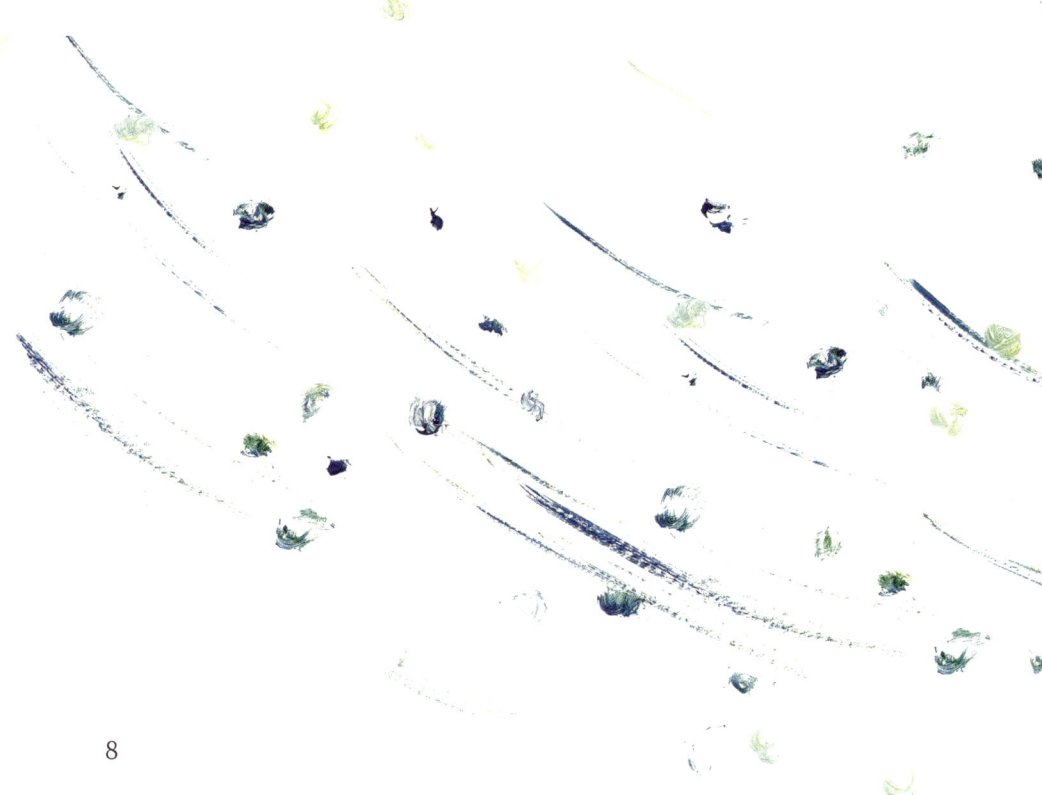

"이렇게 아무것도 없는 데서 어떻게 살아?"

누나 사라가 눈물을 글썽이며 말했어요. 그곳에는 당장 하룻밤을 보낼 집도 없었어요.

에이브네 가족은 맹수들을 쫓아내려고 불을 지피고, 곰 가죽을 뒤집어쓴 채 밤을 보냈어요.

　이튿날부터 에이브는 아버지를 따라 숲에 가서 나무를 베었어요. 가족들과 함께 살 통나무집을 짓기 위해서였지요. 에이브는 아직 어렸지만 키가 크고 도끼도 잘 다루었어요.
　겨울이 지나고 마침내 집이 완성되었어요. 가족들은 서로 얼싸안고 기뻐했어요.
　"드디어 우리 집을 갖게 됐구나."

하지만 에이브 가족의 행복은 그리 오래가지 못했어요. 어머니가 병든 이모 부부를 돌보다가 몸져누운 거예요.

어머니는 에이브에게 "가족을 사랑하고, 세상에 도움이 되는 좋은 사람이 되어야 한다."는 말을 남기고는 세상을 떠났어요.

어머니가 세상을 뜬 지 일 년쯤 지났을 때, 아버지가 처음 보는 아주머니를 데려왔어요.

"이런! 넌 마치 굴뚝 청소부 같구나! 나하고 악수를 하려면 먼저 손부터 씻어야겠는걸?"

아주머니는 따뜻한 물로 에이브의 목덜미며 얼굴을 닦아 주었어요.

"이제 인사를 나눌 만하구나. 내 이름은 사라 존스턴이란다. 이제부터는 사라 링컨으로 불러 주면 좋겠는데, 그럴 수 있겠니?"

에이브는 그제야 아버지가 새어머니를 데려왔다는 걸 알게 됐어요.

그날부터 에이브는 새어머니와 새어머니가 데려온 세 아이들과 함께 살게 됐어요. 에이브는 다정하고 부지런한 새어머니가 참 좋았어요.

에이브가 사는 마을은 아직 사람의 손길이 닿지 않은 곳이었어요. 에이브 같은 어린 소년들도 도끼로 통나무를 베고, 야생 동물을 쫓고, 밭에 옥수수를 심으며 일해야 했지요. 날마다 학교에 가는 것은 엄두도 낼 수 없었어요. 에이브도 나무를 하고 농사를 짓느라 바빠 겨울에만 잠깐씩 학교에 갔어요.

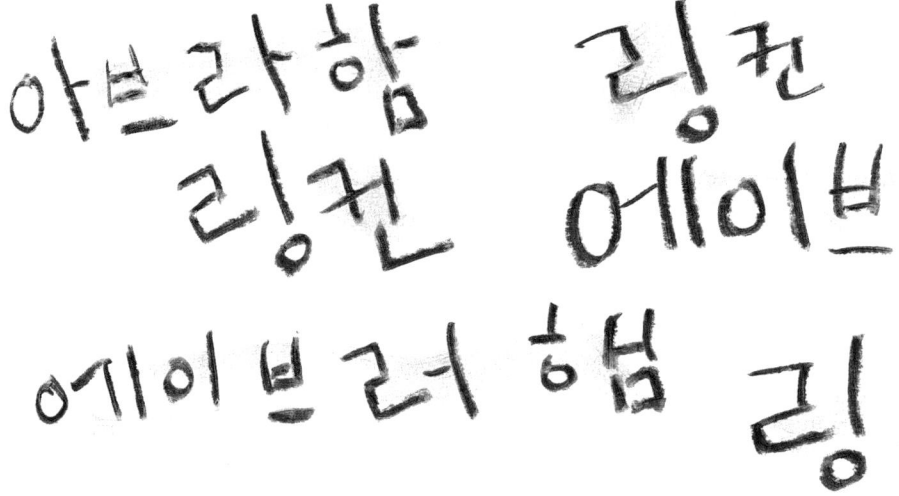

"에이브-러-햄 링컨!"

어느 겨울날 학교에서 맞춤법을 배운 에이브는 까만 숯으로 집에 자기 이름을 가득 썼어요.

새어머니는 에이브가 벽에 써 놓은 글자들을 보고 깜짝 놀랐어요. 하지만 에이브를 야단치는 대신 손뼉을 치며 즐겁게 웃었지요.

"에이브러햄 링컨! 이러다가는 온 세상을 전부 네 이름으로 채우겠구나!"

글을 깨친 에이브는 더 많은 것을 배우고 싶었어요. 하지만 집안일을 거들어야 해서 학교에 갈 수 없었지요.
에이브는 학교에 가는 대신에 책과 신문을 읽으며 혼자서 공부했어요. 이웃집을 돌아다니며 책을 빌려다가 읽고 또 읽었지요.

한번은 에이브가 서점에서 『워싱턴 전기』를 빌려 왔어요. 밤늦도록 책을 읽던 에이브는 그만 깜빡 잠이 들었어요. 아침에 일어나 보니 간밤에 내린 비가 새어 들어와 책이 흠뻑 젖어 있었어요.

에이브는 서점 주인을 찾아가 사실을 정직하게 털어놓고 용서를 구했어요.

"죄송합니다. 열심히 일해서 책값은 꼭 갚겠습니다."

에이브의 정직함에 감동한 서점 주인은 그 후로도 책을 빌려 주었어요.

1826년에 에이브는 오하이오강에서 나룻배를 저어 손님들을 증기선까지 태워 주는 일을 하게 됐어요. 그동안 집안일, 농사일은 많이 했지만 돈을 벌기 위해서 일하기는 처음이었지요. 열일곱 살의 에이브는 빼빼 말랐지만 키가 크고 힘이 셌어요.

일을 시작한 지 얼마 지나지 않아 두 신사가 에이브에게 달려와 말했어요.

"저 증기선까지 우리를 데려다줄 수 있겠나?"

에이브는 노를 힘껏 저었어요. 덕분에 두 신사는 무사히 증기선에 올라탔고, 에이브는 뱃삯으로 동전 두 닢을 받았어요.

"와, 내가 일해서 처음으로 번 돈이야."

에이브는 제힘으로 돈을 벌 수 있다는 자신감이 생겼어요.

뱃사공으로 일하는 동안 에이브는 큰 도시로 가고 싶다는 꿈을 갖게 되었어요. 더 많은 사람들을 만나 보고 싶었거든요.

1828년 봄, 에이브는 배에 물건을 싣고 미시시피강을 따라 뉴올리언스까지 갔어요.
　뉴올리언스는 아주 큰 도시였어요. 에이브는 그곳에서 쇠사슬에 묶인 채 끌려가는 흑인 노예들을 보고 깜짝 놀랐어요.
　"흑인 노예들이 미국으로 오는 배에서 많이들 죽었다는군."
　"노예들을 숨 쉬기도 힘든 짐칸에 가두고 몇 달씩이나 쇠사슬로 묶어 놓는다네. 그러니 얼마나 힘들겠나?"
　사람들이 노예들을 보며 속닥거렸어요.

당시 미국 남부에는 목화 농장이 드넓게 펼쳐져 있었어요. 농장 주인들은 아프리카에서 흑인들을 데려와 노예로 부리며 소처럼 일을 시켰어요.

에이브는 흑인 노예들을 보며 저도 모르게 두 주먹을 불끈 쥐었어요. 다른 사람을 노예로 부리는 것은 그 사람의 땀과 행복을 훔치는 짓이라고 생각했지요.

'어떻게 사람을 노예로 부릴 수 있지? 누구에게도 그럴 권리는 없어!'

　어느덧 에이브는 스무 살이 넘은 어엿한 청년이 되었어요. 사람들은 에이브를 링컨이라 불렀어요.
　1831년에 링컨은 가족들 곁을 떠나 일리노이주의 뉴세일럼이라는 도시로 갔어요. 그리고 오퍼트 씨의 상점에서 점원으로 일하기 시작했어요.

링컨은 누구보다 성실하고 정직했어요. 한번은 링컨이 계산대를 정리하다 말고 헐레벌떡 가게 밖으로 뛰어나갔어요. 손님에게 물건값을 더 받은 것을 뒤늦게 알았거든요. 링컨은 먼 길을 달려가 더 받은 물건값을 손님에게 되돌려 주었어요.

이 일이 알려지자 마을 사람들은 링컨이라면 믿을 수 있다고 생각하게 됐어요.

링컨의 마음속에 사람들을 돕는 일을 하고 싶다는 꿈이 자라났어요. 그런데 사람들을 도우려면 알아야 할 것이 많았어요. 링컨은 먼저 공부를 하기로 마음먹었어요.

링컨은 일하는 틈틈이 역사와 문법, 수학, 법률을 공부했어요. 공부하다가 모르는 게 생기면 오퍼트 씨의 상점에서 만난 사람들을 찾아가 물어보기도 했지요. 토론회에도 참석해 변호사나 법률가 같은 지식인들과 사귀었어요.

마을 사람들이 링컨을 응원해 주었어요.

"우리를 위해 의원으로 일해 줄 수 있겠나? 우리 마을엔 자네같이 정직한 사람이 필요하다네."

사람들의 말에 용기를 얻은 링컨은 일리노이주 의원 선거에 나갔어요. 링컨이 선거 운동을 열심히 했지만 다른 마을까지 자신의 뜻을 널리 알리기는 힘들었어요. 링컨은 결국 선거에서 지고 말았지요.

선거가 끝난 뒤 링컨은 뉴 세일럼 우체국에서 일하기 시작했어요. 날마다 편지를 배달하고, 글을 모르는 사람들을 위해 대신 편지를 써 주었지요. 또 들일을 하는 농부들을 거들기도 했어요.

마을 사람들은 링컨이 자신들을 위해 일해 주는 것을 고마워했어요. 다음 선거에서는 꼭 의원이 될 수 있을 거라고 링컨을 격려했지요.

  1834년 다시 선거에 나간 링컨은 일리노이주 의원이 되었어요. 그러자 많은 사람들이 링컨을 찾아와 도움을 청했어요. 글과 법을 몰라 억울한 일을 당하는 사람들이었지요.
  "링컨 씨, 내가 얼마 전에 땅을 좀 팔았어요. 근데 계약서에는 내 땅을 전부 팔았다고 쓰여 있다지 뭡니까?"
  "옆집 주인이 자꾸만 우리 농장을 자기 거라고 우긴답니다. 법이 그렇다는 거예요!"
  대부분은 변호사에게 줄 돈이 없어 재판받을 엄두도 못 냈어요.

　링컨은 가난하고 억울한 사람들을 돕기 위해 변호사가 되기로 결심했어요. 의원은 의회가 열리지 않는 동안에 다른 일을 할 수 있었거든요.
　링컨은 주 의원으로 일하면서 알게 된 변호사 스튜어트에게 책을 빌려 법률을 공부했어요. 열심히 공부한 링컨은 이 년 만에 변호사 자격시험에 합격했어요.
　변호사가 된 링컨은 스프링필드로 가서 스튜어트와 함께 일하기 시작했어요.

변호사로 일하는 것은 쉽지 않았어요. 그때는 판사들이 마을마다 돌아다니며 재판을 열었어요. 링컨은 재판이 열리는 곳이면 어디든 달려갔어요. 물 한 모금 마시지 못한 채 말을 탈 때도 있었고, 길을 잃어 밤새 숲속을 헤매기도 했지요. 그래도 링컨은 멈추지 않았어요.

"내가 가지 않으면 가난한 사람들은 더 큰 어려움을 겪게 될지도 몰라."

　링컨은 뛰어난 변호사였어요. 링컨이 변호를 맡은 사건 중 가장 유명한 것은 '더프 암스트롱' 사건이지요.

　1858년 링컨은 더프 암스트롱이란 청년의 어머니로부터 억울한 누명을 쓴 아들을 도와 달라는 부탁을 받았어요. 링컨은 암스트롱을 딱하게 여겨 재판을 도와주기로 했어요.

　재판이 시작되자 링컨이 증인에게 물었어요.

　"증인은 그날 무엇을 보았습니까?"

　"암스트롱이 새총을 쏘아 남자의 머리를 맞혔습니다. 그날 밤 보름달이 높이 떠 있어서 확실히 봤습니다."

　증인이 대답했어요.

"여러분, 이 책은 언제 무슨 달이 떴는지 나와 있는 책력입니다. 사건이 있던 날에는 보름달이 뜨지 않았습니다. 증인은 거짓말을 하고 있습니다!"

 링컨의 말에 법정에 있던 사람들은 깜짝 놀랐어요. 하마터면 살인자가 될 뻔했던 암스트롱은 누명을 벗었지요. 링컨이 이 사건을 해결해 주고 돈 한 푼 받지 않았다는 사실이 알려지면서 사람들은 링컨을 더욱 존경하게 되었어요.

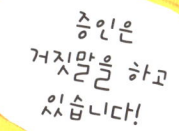
증인은 거짓말을 하고 있습니다!

　1839년 서른 살의 링컨은 메리 토드에게 첫눈에 반했어요. 하지만 메리의 집안에서는 가난한 시골뜨기인 링컨을 좋아하지 않았어요. 메리는 부유한 은행가의 딸이었거든요.

"겉모습만으로 사람을 판단해서는 안 돼요. 링컨은 누구보다 친절한 마음씨를 가졌어요. 게다가 어마어마하게 큰 꿈을 품은 진짜 좋은 사람이라고요!"

메리는 집안의 반대를 물리치고 링컨과 결혼하기로 마음먹었어요.

1842년 링컨과 메리는 작은 하숙집의 방 한 칸에 보금자리를 꾸몄어요. 두 사람은 가난했지만 서로 사랑했어요. 메리가 언제나 링컨을 믿고 응원해 주었기 때문에 링컨은 더욱더 열심히 일할 수 있었어요.

주 의원으로, 또 변호사로 일하는 동안 링컨은 정치에 더욱 관심을 갖게 되었어요. 링컨은 워싱턴의 국회에서 일하고 싶었지요.

1846년 링컨은 드디어 국회의 하원 의원이 되었어요. 링컨과 메리는 백악관과 국회 의사당이 있는 워싱턴으로 출발했어요.

그해 미국은 멕시코 땅을 차지하기 위한 전쟁을 일으켰어요.

"남의 땅을 빼앗기 위해 전쟁을 해서는 안 됩니다. 약한 나라를 괴롭히는 전쟁은 당장 멈춰야 합니다."

링컨은 전쟁을 그만두어야 한다고 가는 곳마다 외쳤어요. 약한 나라를 괴롭히는 것은 자유와 평등이라는 미국의 건국 정신을 저버리는 일이라고 생각했기 때문이에요. 그러나 이 일로 많은 사람들이 링컨에게 등을 돌렸어요.

"링컨, 당신은 미국인이 아니오? 젊은이들이 나라를 위해 목숨을 바치고 있는데 무슨 소리를 하는 거요?"

사람들은 미국에 이익이 된다면 전쟁을 하는 게 당연하다고 생각했어요. 그래서 전쟁을 그만두자고 하는 링컨을 이상하게 여겼지요. 링컨은 크게 실망했어요.

이 년 뒤 하원 의원 임기가 끝나자 링컨은 선거에 나가지 않고 일리노이주로 돌아가 변호사로 일했어요.

　1854년 변호사로서 바삐 일하던 링컨이 다시 정치 문제에 관심을 쏟을 일이 생겼어요. 스티븐 더글러스 의원이 남부뿐 아니라 다른 주에서도 노예를 부릴 수 있는 법을 내놓은 거예요.
　노예 제도를 찬성하는 남부와 반대하는 북부는 팽팽하게 맞섰어요. 남부는 계속해서 노예를 농장 일꾼으로 삼으려고 했고, 북부는 노예 제도를 없애려고 했지요. 노예 제도 때문에 온 나라가 떠들썩했어요.

"이대로 가면 노예 제도가 온 나라에 퍼질 거야!"
링컨은 정신을 바짝 차렸어요. 무슨 일이 있어도 노예 제도가 퍼지는 것만은 막겠다고 결심했지요.
링컨은 변호사 일을 뒤로하고 일리노이주를 방방곡곡 누비며 사람들을 설득했어요.
"미국은 모든 사람들의 자유를 지키기 위해 세워진 나라입니다. 만약 이대로 노예 제도가 퍼진다면 민주주의는 끝장나고 말 겁니다!"

1858년 여름, 링컨은 더글러스 의원과 직접 만나서 노예 제도에 대해 토론을 하기로 했어요. 신문 기자들과 수많은 사람들이 링컨과 더글러스의 대결을 보려고 토론회장으로 몰려왔어요.

"여러분은 링컨이 하는 말을 믿으십니까? 정말 흑인과 백인이 같다고 생각하십니까? 흑인은 우리의 재산일 뿐입니다. 미국 정부는 백인이 백인을 위해 세웠습니다! 그러니까 이 나라는 백인의 것입니다!"

더글러스 의원의 말에 노예 제도를 찬성하는 남부 사람들이 박수를 쳤어요.

"하얗고 까만 것은 색깔일 뿐입니다. 그런데 더글러스 의원은 하얀색이 까만색보다 훌륭하다고 말합니다. 그 말이 옳다면 더글러스 의원보다 피부색이 하얀 사람을 만나면 더글러스 의원도 그 사람의 노예가 되어야 하는 것입니까?"

링컨의 말에 더글러스 의원은 얼굴이 빨개졌어요. 링컨은 힘찬 목소리로 말을 이었어요.

"저 링컨은 누구의 노예도 되지 않을 겁니다. 또한 누구의 주인도 되지 않을 겁니다. 그것이 바로 진짜 자유이기 때문입니다!"

링컨은 그해에 치른 상원 의원 선거에서 더글러스에게 졌어요. 하지만 토론회를 통해 많은 사람들에게 노예 제도가 얼마나 잘못된 것인지 알릴 수 있었어요.

이 년 뒤인 1860년, 민주당에서 더글러스 의원을 대통령 후보로 내세웠어요. 링컨은 공화당의 대통령 후보가 되어 다시 한번 더글러스 의원과 맞붙게 되었어요. 사람들은 미국을 위하는 일에 언제나 앞장서 온 링컨이야말로 대통령이 될 만한 사람이라고 생각했어요.

링컨은 남과 북으로 나뉜 미국을 하나로 지키고 싶었어요.

"멀쩡한 집도 둘로 갈라지면 무너지고 맙니다. 지금 미국은 노예가 있는 주와 누구나 자유로운 주로 갈라져 있습니다. 저는 미국이 이대로 무너지기를 바라지 않습니다. 노예 제도는 흑인과 백인 모두에게 나쁜 것이고, 절대 있어서는 안 되는 제도입니다. 이 나라는 하나가 되어야 합니다. 그리고 우리를 하나로 묶는 힘은 반드시 정의와 평등이어야 합니다!"

링컨의 진심은 국민을 사로잡았고, 1861년 3월 4일 링컨은 미국의 제16대 대통령이 되었어요. 갖은 어려움을 이겨 내고 꿈을 이룬 거예요.

링컨이 대통령이 되자 남부 사람들이 들고 일어났어요.

"링컨이 우리 재산을 몽땅 빼앗아 갈 게 분명해!"

남부 사람들은 흑인 노예를 땅이나 가축과 같은 재산으로 여겼어요. 그래서 노예 제도를 반대하는 링컨이 남부에서 노예 부리는 것을 막을까 봐 걱정했지요.

"우리 남부는 미국을 떠나 우리끼리 새로운 나라를 세울 것이다!"

결국 남부 사람들은 남부 연합을 만들고 제퍼슨 데이비스를 대통령으로 내세웠어요.

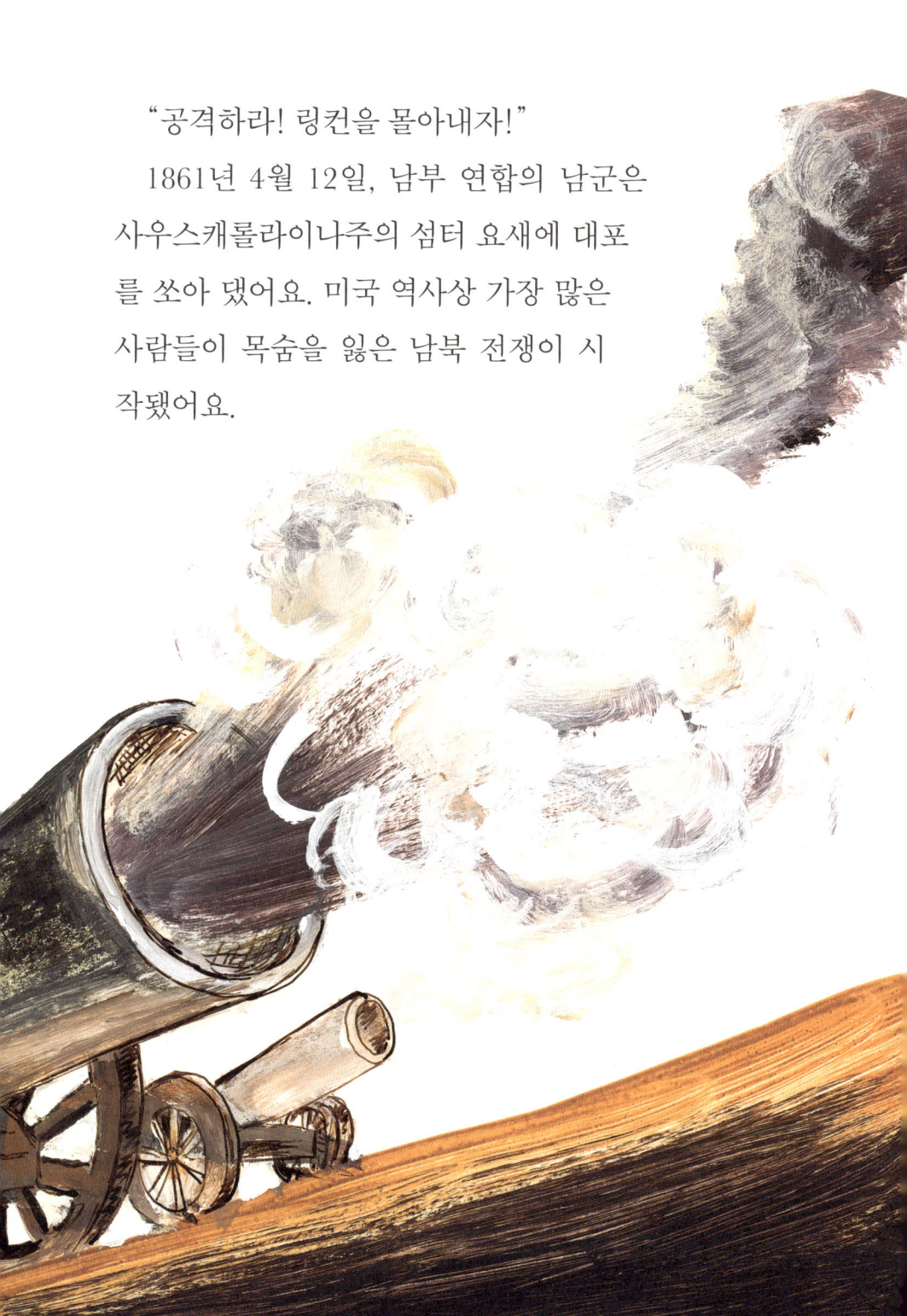

"공격하라! 링컨을 몰아내자!"

1861년 4월 12일, 남부 연합의 남군은 사우스캐롤라이나주의 섬터 요새에 대포를 쏘아 댔어요. 미국 역사상 가장 많은 사람들이 목숨을 잃은 남북 전쟁이 시작됐어요.

링컨은 즉시 군대를 모아서 남군에 맞섰어요. 나라가 둘로 갈라지지 않도록 지키기 위해서였지요.

더글러스 의원도 링컨을 찾아와 돕겠다고 했어요. 더글러스 의원 역시 미국이 둘로 갈라져서는 안 된다고 믿었거든요.

남군과 북군은 엎치락뒤치락하며 이기고 지기를 반복했어요. 전쟁이 끝없이 계속되자 북부 사람들은 남부에 질까 봐 점점 걱정이 되었어요.

"이대로 가다가는 남부 연합에 지고 말 것입니다."

"남부는 흑인 노예들을 전쟁터로 내몰고 있습니다! 흑인도 자유를 위해 싸울 수 있게 해야 합니다."

링컨은 미국을 위해 가장 중대한 결정을 내려야 할 때가 왔다고 생각했어요.

1863년 1월 1일, 링컨은 한 장의 종이에 자신의 이름을 써 넣었어요. 만약 자신의 이름이 역사에 남는다면 바로 이 순간, 이 종이에 '에이브러햄 링컨'이라고 썼기 때문일 거라고 믿었지요.
　링컨이 자신의 이름을 꾹꾹 눌러 쓴 그 종이에는 바로 '노예 해방 선언'이 적혀 있었어요.

"나는 미국의 대통령으로서 1863년 1월 1일부터 미국의 모든 노예가 자유의 몸이 되었음을 선언합니다!"

링컨이 노예 해방을 알리자 흑인들은 거리로 달려 나와 기뻐했어요.

"링컨 대통령 만세! 노예 해방 만세!"

흑인들이 목이 터져라 만세를 불렀어요. 노예 시장에서 따로따로 팔려 갈 뻔했던 부모와 아이들은 서로를 얼싸안고 감격의 눈물을 흘렸어요.

노예 해방 선언이 알려지자 남군이 물밀듯이 밀려 왔어요. 흑인들도 북군에 들어가 자유와 평등을 위해 싸우기 시작했어요.
"흑인들을 몰아내자!"
"절대로 물러서지 마라!"

1863년 7월 1일 남군과 북군은 게티즈버그라는 작은 마을에서 치열하게 맞붙었어요. 대포들이 불을 내뿜고 총소리가 천지를 뒤흔들었지요. 삼 일 동안 계속된 싸움 끝에 오만 명에 이르는 양쪽 병사들이 목숨을 잃었어요.

1863년 11월 19일, 링컨은 게티즈버그에 세운 국립 묘지를 찾아갔어요. 그리고 죽은 병사들을 기리기 위한 연설을 했어요.
　"국민 여러분! 수많은 용사들이 자유와 평등의 나라를 지키기 위해 이곳에서 싸우다 죽었습니다. 이제 우리는 그들의 뜻을 이어받아 다짐해야 합니다. 국민의, 국민에 의한, 국민을 위한 정부는 결코 사라지지 않는다는 것을 보여 주어야 합니다!"

링컨의 짧은 연설은 많은 사람들을 일깨웠어요. "국민의, 국민에 의한, 국민을 위한 정부"라는 말은 민주주의의 정신이 무엇인지, 자유와 평등이 얼마나 값진 것인지 생각하게 했지요.

그 뒤로도 전쟁은 계속되었어요. 링컨은 전쟁을 끝낼 방법을 찾느라 잠 못 이루는 밤이 많았어요.

남북 전쟁을 치르는 사이에 링컨의 대통령 임기가 막바지에 이르렀어요. 다음 대통령을 뽑는 날이 다가오고 있었지요.

전쟁이 끝날 기미가 보이지 않자 북부 사람들은 링컨에게 등을 돌렸어요.

"새 대통령을 뽑아야 해!"

"링컨이 다시 대통령이 되면 이 전쟁은 끝나지 않을 거야."

링컨은 어렵게 이룬 노예 해방을 지키기 위해서 사람들을 열심히 설득했어요. 하지만 하루빨리 전쟁을 끝내면 좋겠다고 생각하는 사람이 많아서 쉽지 않았어요.

그때 북군이 남군을 무찌르고 애틀랜타를 거쳐 조지아주까지 나아갔다는 소식이 전해졌어요. 전쟁이 북군의 승리로 끝날 것 같자 링컨을 따르는 사람들의 수가 늘어났어요.

1864년 11월 8일, 링컨은 다시 한번 대통령으로 뽑혔어요.

링컨은 노예 제도를 없애겠다는 자신의 뜻을 국민들이 알아준 덕분에 다시 대통령이 된 것이라고 생각했어요.

링컨은 헌법을 고쳐 노예 제도를 깨끗이 없애고, 남북 전쟁을 북부의 승리로 마무리 지었어요.

전쟁이 끝난 1865년 4월 14일, 링컨은 오랜만에 메리의 손을 잡고 포드 극장으로 연극을 보러 갔어요.
"메리! 그동안 우리는 큰일을 너무 많이 겪었소. 오늘 저녁은 걱정거리는 다 잊고 즐겁게 보냅시다."

　링컨과 메리는 연극을 보며 즐거운 시간을 보냈어요. 그런데 갑자기 총소리가 탕 하고 울렸어요. 노예 해방에 반대한 연극배우 부스가 극장에 숨어들어 링컨의 머리에 총을 쏜 거예요.

링컨은 극장 밖으로 옮겨져 치료를 받았지만 이튿날 쉰여섯 살의 나이로 숨을 거두었어요.

며칠 뒤 백악관에서 열린 링컨의 장례식에는 수많은 사람들이 모였어요. 백인과 흑인 모두 슬퍼하며 링컨을 떠나보냈지요.

링컨은 오늘날에도 미국 사람들에게 가장 존경받는 대통령이에요. 가난한 집에서 태어났지만 열심히 노력한 끝에 대통령이 되었고 큰일을 해냈기 때문이지요. 링컨은 노예로 고통받던 수백만 명의 사람들에게 자유를 되찾아 주었어요. 링컨은 "사람은 누구나 자유와 행복을 누릴 권리가 있다."는 중요한 사실을 지키기 위해 평생토록 애썼어요.

♣ 사진으로 보는 링컨 이야기 ♣

미국 노예의 역사

미국이 세워지기 전부터 북아메리카에는 노예가 있었어요. 1619년 버지니아주에 처음으로 흑인 노예를 실은 배가 도착했어요. 아프리카에서 잡아 온 흑인들을 일꾼이 필요한 백인들에게 팔기 위해서였지요.

당시 버지니아주는 영국의 식민지였는데, 영국에서 온 사람들은 북아메리카의 넓은 땅에 담배와 사탕수수를 키워서 돈을 벌려고 했어요. 그래서 밭일을 할 일꾼으로 삼기 위해 흑인 노예들을 사들였지요.

19세기 미국 남부에서는 흑인 노예들이 목화, 사탕수수, 담배 농장에서 일하는 모습을 흔히 볼 수 있었어요.

1830년대 미국의 큰 항구에서는 쇠사슬로 팔다리가 묶인 흑인들을 흔히 볼 수 있었어요. 아프리카에서 잡혀 온 사람들로, 이 먼 미국 땅에서 곧 노예로 팔리게 될 터였지요.

　농장은 점점 넓어졌고 노예는 더 많이 필요해졌어요. 1681년경 이천여 명이었던 노예의 수가 19세기 중반에는 사백여만 명에 이를 정도로 늘어났지요.
　노예의 수가 늘어나는 동안 노예 제도는 나쁜 것이라는 생각이 세계 곳곳으로 퍼져 갔어요. 아프리카 사람들을 잡아들여 노예로 사고파는 일을 없애기 위해서 노력하는 사람들도 늘어났지요.
　영국에서는 1823년에 노예 제도 반대 단체가 세워졌고, 1833년에는 노예 제도를 폐지하는 법이 만들어졌어요. 프랑스는 1848년에 노예 제도를 완전히 폐지했어요. 미국에서는 1833년 노예제 폐지 협회가 만들어졌고, 1865년에 헌법을 바꾸어 노예 제도를 완전히 없앴어요. 많은 사람들이 오랜 시간 노력한 덕분에 오늘날에는 어떤 나라도 노예 제도를 인정하지 않아요.

노예 제도와 남북 전쟁

링컨이 대통령이 되었을 때 미국의 남부와 북부는 큰 갈등을 겪는 중이었어요. 남부는 미국에서 떨어져 나와 남부 연합을 만들어 버렸어요. 갈등의 가장 큰 원인은 노예 제도였어요. 남부는 노예 제도를 지킬 필요가 있었고, 북부는 노예 제도를 없앨 필요가 있었거든요.

미국의 남북 전쟁은 남군이 사우스캐롤라이나주 바닷가에 있는 섬터 요새를 공격하면서 시작됐어요.

그 차이는 남부와 북부의 주요 산업이 달라서 생긴 것이었어요. 농업이 주로 발달한 남부는 목화 등의 농작물을 키우는 큰 농장이 많았어요. 남부의 농장 주인들은 흑인 노예를 부려서 농장을 일구었기 때문에 노예 제도를 찬성했어요. 반면에 북부에서는 공업이 크게 발달했어요. 크고 작은 공장들에서 기계를 이용해 물건을 만들어 냈지요. 그래서 북부에서는 남부만큼 많은 일손이 필요하지 않았어요.

당시 미국은 서부를 개척해서 영토가 늘어나는 중이었어요. 새로 생기는 주가 노예 제도를 받아들이느냐 마느냐는 중요한 문제였지요. 그에 따라 남북 중 한쪽이 힘을 더 키우게 될 테니까요. 남부와 북부가 서로 자신들의 이익을 지키기 위해서 버티는 바람에 결국 남북 전쟁이 일어났어요.

게티즈버그 연설

남북 전쟁이 계속되던 1863년 7월 1일 미국 펜실베이니아주 남부에 있는 게티즈버그에서 격렬한 전투가 벌어졌어요. 삼 일간 이어진 전투에서 오만 명이 넘는 남군, 북군 병사들이 숨을 거두었어요. 링컨은 안타깝게 목숨을 잃은 병사들을 기리기 위해 게티즈버그에 묘지를 세웠어요.

1863년 11월 19일 게티즈버그 국립묘지 개관식이 열렸어요. 병사들의 죽음을 기억하고, 뜻을 되새기기 위한 자리였어요. 당시 최

1863년 11월 19일 게티즈버그 묘지에서 이루어진 링컨의 연설은 지금까지도 많은 사람들의 마음을 울리며 명연설로 꼽혀요.

고의 웅변가로 이름을 떨쳤던 에드워드 에버렛이 약 한 시간 동안 연설을 했어요. 이어서 링컨이 이 분 남짓한 짧은 연설을 했지요. 이 연설이 바로 역사에 길이 남은 링컨의 '게티즈버그 연설'이에요.

링컨은 연설을 하기 위해서 원고를 여러 번 고쳐 써 가며 연설문을 미리 준비했어요. 게티즈버그에서 얻어야 할 교훈을 분명히 알리고 싶었거든요.

"우리 선조들은 자유와 평등을 바탕으로 이 나라를 세웠습니다. 우리는 수많은 용사들이 목숨을 바친 큰 뜻을 위해 힘써야 합니다. 국민의, 국민에 의한, 국민을 위한 정부는 결코 사라지지 않으리라 다짐해야 합니다."

링컨의 '게티즈버그 연설'은 오늘날까지 많은 사람들에게 기억되고 있어요. 미국의 음악가 로이 해리스는 게티즈버그 연설을 주제로 교향곡을 써서 발표하기도 했어요.

링컨의 턱수염

1860년 5월, 링컨은 공화당의 대통령 후보로 정해졌어요. 선거를 앞둔 어느 날, 링컨은 한 통의

수염을 기른 링컨의 모습이에요. 원래 링컨은 수염이 없었는데, 수염을 기르면서 날카로운 인상이 누그러져서 인기가 높아졌다고 해요.

미국 켄터키주 링컨 유적지에 있는 통나무집이에요.
링컨이 어린 시절에 살았던 통나무집은 아마도 이런 모습이었을 거예요.

편지를 받았어요. 뉴욕에 사는 그레이스 베델이란 열한 살 소녀로부터 온 것이었어요.

그레이스의 편지에는 링컨에게 수염을 기르기를 권하는 내용이 담겨 있었어요. 링컨의 얼굴이 너무 뾰족하니, 수염을 기르면 훨씬 따듯하고 푸근한 인상을 갖게 될 거라면서요. 링컨은 정말로 볼이 쑥 들어갈 정도로 말라서 날카롭게 보였어요. 그레이스는 링컨이 수염을 기르면 많은 아주머니들이 남편들에게 링컨을 찍으라고 권할 게 틀림없다고 주장했지요.

당시 미국에서는 남자에게만 정치에 참여할 권리와 의무가 주어졌을 뿐 여자들은 투표와 선거에 참여할 수 없었어요. 그래서 여

링컨의 대통령 취임식은 1861년 3월 4일 미국 워싱턴의 국회 의사당 앞에서 치러졌어요.

자들은 자신이 마음에 들어 하는 후보에게 표를 던지라고 남자들을 설득하는 수밖에 없었지요.

링컨은 그레이스에게 고맙다는 답장을 보냈고, 제안을 받아들여서 수염을 기르기 시작했어요. 이내 링컨의 얼굴에는 텁수룩한 수염이 났지요. 어린 소녀의 말도 흘려듣지 않은 덕분인지 1860년 11월 6일 선거에서 링컨은 대통령으로 당선되었어요.

우리나라와 미국의 국회 의원

우리나라와 미국은 대통령제 민주주의 국가예요. 국민이 뽑은 국회 의원들이 국회에서 법률을 만드는 것도 같아요. 하지만 미국과 우리나라의 국회는 구성이 조금 달라요.

우리나라에서는 국회 의원들이 모두 하나의 국회에서 일해요. 국민들이 지역 대표로서 뽑은 지역구 국회 의원과 정당에 표를 줘서 뽑은 비례 대표 국회 의원이 모두 대한민국 국회의 일원이에요.

반면에 미국 국회는 상원과 하원으로 나뉘어 있어요. 미국은 우리나라와 달리 연방제 국가이기 때문이에요. 오십 개의 주들이 모여서 미국이란 하나의 나라를 이루지요. 각각의 주는 자신들의 정부와 법을 가지고 있으면서 미국 연방에 포함돼요. 미국의 국회는 주를 대표하는 상원과 국민 전체를 대표하는 하원으로 이루어져 있어요.

미국의 국회 의사당은 수도인 워싱턴시에 있어요. 국민이 뽑은 대표들이 법률을 만드는 곳이에요.

함께 보면 쏙쏙 이해되는 역사

◆ 1809년
미국 켄터키주에서 태어남.

~1800　　　　　　　　　　1800

● 1619년
아프리카에서 온 노예들이
북아메리카 버지니아주에 처음으로 도착함.

◆ 1832년
일리노이주 의원 선거에서 떨어짐.

◆ 1834년
다시 선거에 나가 처음으로
일리노이주 의원에 당선됨.

◆ 1840년
일리노이주 의원에 네 번째로 당선됨.

◆ 1836년
변호사 시험에 합격함.

◆ 1846년
국회의 하원 의원으로 당선됨.

1830　　　　　　　　　　1840

● 1833년
미국 노예제 폐지 협회가 세워짐.

◆ 링컨의 생애
● 미국 노예 해방의 역사

◆ 1826년
오하이오강에서
나룻배 사공으로 일함.

◆ 1828년
뉴올리언스에서 흑인 노예들의
고통받는 현실을 목격함.

◆ 1816년
미국 인디애나주로 이사함.

1810   **1820**

◆ 1861년
미국의 제16대 대통령에 취임함.
미국 남북 전쟁이 일어남.

◆ 1863년
노예 해방 선언을 함.

◆ 1864년
대통령에 두 번째로 당선됨.

◆ 1856년
공화당에 들어감.

◆ 1865년
세상을 떠남.

1850   **1860**

● 1865년
미국 국회에서 헌법을 고쳐
노예 제도가 사라짐.

추천사

「새싹 인물전」을 펴내면서

　요즈음 아이들에게 '훌륭한 사람'이 누구냐고 물으면 '돈 많이 버는 사람'이라고 대답한다고 합니다. 초등학생의 태반은 가수나 배우가 되고 싶어 하고요. 돈 많이 버는 사람이나 연예인이라는 직업이 나쁘다는 것이 아니라, 아이들이 각자가 갖고 있는 재능과는 상관없이 모두 똑같은 꿈을 갖는 것 같아 걱정입니다. 또 한편으로는 아이들이 진정 마음으로 닮고 싶은 사람에 대한 정보가 부족한 것은 아닌가 하는 생각도 듭니다.

　어릴수록 위인 이야기의 힘은 큽니다. 아직 어리고 조그마한 아이들은 자신이 보잘것없다고 생각하고 위인들의 성공에 감탄합니다. 하지만 그네들에게는 끝없이 열린 미래가 있습니다. 신화처럼 빛나는 위인들의 모습은 아이들에게 훌륭한 역할 모델이 되고, 그런 삶을 살기 위해 무엇을 어떻게 해야 할지를 알려 주는 밝은 등대가 됩니다.

　그렇다면 우리가 어른으로서 아이들에게 권해야 할 위인전은 무엇일까요? 보통 우리가 생각하는 '위인'은 훌륭한 업적을 남긴

위대한 사람, 멋지고 능력 있는 사람입니다. 하지만 시대가 변했으니 아이들이 역할 모델로 삼을 수 있는 위인의 정의나 기준도 변해야 할 것입니다.

그런 의미에서 비룡소의 「새싹 인물전」은 종래의 위인전과는 다른 점이 많습니다. 시리즈 이름이 '위인전'이 아닌 '인물전'이라는 데 주목하기 바랍니다. 「새싹 인물전」은 하늘에서 빛나는 위인을 옆자리 짝꿍의 위치로 내려놓습니다. 만화 같은 친근한 일러스트는 자칫 생소할 수 있는 옛사람들의 이야기를 일상에서 만날 수 있는 재미있는 사건처럼 보여 줍니다.

또 하나, 「새싹 인물전」에는 위인전에 단골로 등장하는 태몽이나 어린 시절의 비범한 에피소드, 위인 예정설 같은 과장이 없습니다. 사실 이런 이야기들은 현대를 사는 아이들에게는 황당하고 이해하기 힘든 일일 뿐입니다. 그보다는 천 리 길도 한 걸음부터, 큰 성공도 자잘한 일상의 인내와 성실함이 없었다면 이루어질 수 없었다는 것을 알려 주는 것이 중요합니다. 세상 사람들의 우러름을 받는 이들도 여느 아이들과 같은 시절을 겪었음을 보여 줌으로써, 아이들에게 괜한 열등감을 주지 않고 그네들의 모습을 마음속에 담을 수 있도록 해 주는 것입니다.

 덧붙여 위인전이란 그 인물이 얼마나 훌륭한 업적을 남겼는가 보여 주는 것도 중요하지만, 얼마나 참된 인간다움을 보였는가를 알려 줄 필요도 있습니다. 여기서 '인간다움'이란 기본적인 선함과 이해심, 남을 위해 봉사할 수 있는 사랑과 배려, 그리고 한 가지 목표를 설정하고 앞으로 나아갈 수 있는 의지와 용기를 말합니다. 성취라는 결과보다는 성취하기 위한 과정을 보여 주고, 사회적인 성공보다는 한 인간으로서 얼마나 자기 자신에게 철저하고 진실했는지를 보여 주는 것이 중요하다는 것입니다.

 하지만 아무리 좋은 가르침도 사랑과 따뜻함이 없으면 억누름과 상처가 될 뿐이겠지요.「새싹 인물전」은 나의 노력과 의지에 따라 얼마든지 의미 있는 삶을 살 수 있음을 알려 줍니다. 내가 알고 있는 삶 외에도 또 다른 삶이 존재할 수 있다는 것, 꿈을 키우고 이루어 가는 과정에서 배우고 경험하게 되는 것들의 가치, 그런 따뜻함을 담고 있는 위인전입니다. 부디 이 책이 삶의 첫발을 내딛는 아이들에게 좋은 길잡이가 되었으면 하는 바람입니다.

기획 위원

박이문(전 연세대 교수, 철학)
장영희(전 서강대 교수, 영문학)
안광복(중동고 철학 교사, 철학 박사)

● 사진 제공
　62, 63, 65, 67쪽_ 토픽 포토 에이전시. 64, 66, 69쪽_ 두피디아. 68쪽_ 연합 뉴스.

글쓴이 이명랑

1973년 서울에서 태어났다. 26세에 첫 장편 소설 『꽃을 던지고 싶다』로 주목을 받으며 소설가로 데뷔한 뒤 『삼오식당』, 『나의 이복형제들』, 『입술』 등의 작품을 출간했다. 쓴 작품으로 중학교 국어 교과서에 수록된 『내 마음을 아는지 모르는지』를 비롯해, 동화 『재판을 신청합니다』, 『나는 개구리의 형님』, 『할머니의 정원』, 청소년 소설 『구라짱』, 『사춘기라서 그래?』, 『차라리 결석을 할까?』, 중학 생활 안내서인 「중학 생활 날개 달기」 시리즈 등이 있다. 현재 문화 콘텐츠 기획사 〈문학하다〉에서 문학 강연을 맡고 있다.

그린이 오승민

1974년 전남 영암에서 태어났다. 세종 대학교에서 동양화를 공부하고 한겨레 일러스트레이션 학교 그림책 과정을 수료했다. 2004년 한국 안데르센 그림자상 가작, 국제 노마 콩쿠르에 입상했다. 지은 책으로 『꼭꼭 숨어라』, 『오늘은 돈가스 카레라이스』, 그린 책으로 『우주 호텔』, 『멋져 부러, 세발자전거!』, 『별 볼 일 없는 4학년』, 『로봇의 별 1, 2, 3』, 『나의 독산동』, 『연동동의 비밀』 등이 있다.

새싹 인물전
046

링컨

1판 1쇄 펴냄 2012년 3월 2일   1판 12쇄 펴냄 2020년 8월 10일
2판 1쇄 펴냄 2021년 5월 28일   2판 3쇄 펴냄 2022년 5월 30일

글쓴이 이명랑   그린이 오승민
펴낸이 박상희   편집장 전지선   편집 송재형   디자인 박연미, 이유림
펴낸곳 (주)비룡소   출판등록 1994.3.17. (제16-849호)
주소 06027 서울시 강남구 도산대로1길 62 강남출판문화센터 4층
전화 영업 02)515-2000 팩스 02)515-2007 편집 02)3443-4318, 9   홈페이지 www.bir.co.kr
제품명 어린이용 각양장 도서   제조자명 (주)비룡소   제조국명 대한민국   사용연령 3세 이상

ⓒ 이명랑, 오승민, 2012. Printed in Seoul, Korea

ISBN 978-89-491-2926-6 74990
ISBN 978-89-491-2880-1 (세트)

「새싹 인물전」 시리즈

- 001 **최무선** 김종렬 글 이경석 그림
- 002 **안네 프랑크** 해리엇 캐스터 글 헬레나 오웬 그림
- 003 **나운규** 남찬숙 글 유승하 그림
- 004 **마리 퀴리** 캐런 월리스 글 닉 워드 그림
- 005 **유일한** 임사라 글 김홍모·임소희 그림
- 006 **윈스턴 처칠** 해리엇 캐스터 글 린 윌리 그림
- 007 **김홍도** 유타루 글 김홍모 그림
- 008 **토머스 에디슨** 캐런 월리스 글 피터 켄트 그림
- 009 **강감찬** 한정기 글 이홍기 그림
- 010 **마하트마 간디** 에마 피시엘 글 리처드 모건 그림
- 011 **세종 대왕** 김선희 글 한지선 그림
- 012 **클레오파트라** 해리엇 캐스터 글 리처드 모건 그림
- 013 **김구** 김종렬 글 이경석 그림
- 014 **헨리 포드** 피터 켄트 글·그림
- 015 **장보고** 이옥수 글 원혜진 그림
- 016 **모차르트** 해리엇 캐스터 글 피터 켄트 그림
- 017 **선덕 여왕** 남찬숙 글 한지선 그림
- 018 **헬렌 켈러** 해리엇 캐스터 글 닉 워드 그림
- 019 **김정호** 김선희 글 서영아 그림
- 020 **로버트 스콧** 에마 피시엘 글 데이브 맥타가트 그림
- 021 **방정환** 유타루 글 이경석 그림
- 022 **나이팅게일** 에마 피시엘 글 피터 켄트 그림
- 023 **신사임당** 이옥수 글 변영미 그림
- 024 **안데르센** 에마 피시엘 글 닉 워드 그림
- 025 **김만덕** 공지희 글 장차현실 그림
- 026 **셰익스피어** 에마 피시엘 글 마틴 렘프리 그림
- 027 **안중근** 남찬숙 글 곽성화 그림
- 028 **카이사르** 에마 피시엘 글 레슬리 뷔시커 그림
- 029 **백남준** 공지희 글 김수박 그림
- 030 **파스퇴르** 캐런 월리스 글 레슬리 뷔시커 그림
- 031 **유관순** 유은실 글 곽성화 그림
- 032 **알렉산더 벨** 에마 피시엘 글 레슬리 뷔시커 그림
- 033 **윤봉길** 김선희 글 김홍모·임소희 그림
- 034 **루이 브라유** 테사 포터 글 헬레나 오웬 그림
- 035 **정약용** 김은미 글 홍선주 그림
- 036 **제임스 와트** 니컬라 백스터 글 마틴 렘프리 그림
- 037 **장영실** 유타루 글 이경석 그림
- 038 **마틴 루서 킹** 베르나 윌킨스 글 린 윌리 그림
- 039 **허준** 유타루 글 이홍기 그림
- 040 **라이트 형제** 김종렬 글 안희건 그림
- 041 **박에스더** 이은정 글 곽성화 그림
- 042 **주몽** 김종렬 글 김홍모 그림
- 043 **광개토 대왕** 김종렬 글 탁영호 그림
- 044 **박지원** 김종광 글 백보현 그림
- 045 **허난설헌** 김은미 글 유승하 그림
- 046 **링컨** 이명랑 글 오승민 그림
- 047 **정주영** 남경완 글 임소희 그림
- 048 **이호왕** 이영서 글 김홍모 그림
- 049 **어밀리아 에어하트** 조경숙 글 원혜진 그림
- 050 **최은희** 김혜연 글 한지선 그림
- 051 **주시경** 이은정 글 김혜리 그림
- 052 **이태영** 공지희 글 민은정 그림
- 053 **이순신** 김종렬 글 백보현 그림
- 054 **오드리 헵번** 이은정 글 정진희 그림
- 055 **제인 구달** 유은실 글 서영아 그림
- 056 **가브리엘 샤넬** 김선희 글 민은정 그림
- 057 **장 앙리 파브르** 유타루 글 하민석 그림
- 058 **정조 대왕** 김종렬 글 민은정 그림
- 059 **나폴레옹 보나파르트** 남찬숙 글 남궁선하 그림
- 060 **이종욱** 이은정 글 우지현 그림

061	**박완서**	유은실 글 이윤희 그림
062	**장기려**	유타루 글 정문주 그림
063	**김대건**	전현정 글 홍선주 그림
064	**권기옥**	강정연 글 오영은 그림
065	**왕가리 마타이**	남찬숙 글 윤정미 그림
066	**전형필**	김혜연 글 한지선 그림

* 계속 출간됩니다.